世界一
居心地のいい
部屋の作り方

toka

KADOKAWA

はじめまして。tokaと申します。

この本をお手に取ってくださり、ありがとうございます。
SNSやYouTubeで暮らしの記録を始めて5年目になる2023年の春、
実家を出て、新しい生活を始めることになりました。
昔からインテリアが大好きで、憧れの絵本に出てくる家具の絵を描い
たり、小物の紙工作をしたり。
小さなゲームの世界の中で部屋作りに夢中になって過ごした子ども時代。
その気持ちを持ったまま大人になり、いざ、ゼロから始める暮らし作り。
これほど心が躍ることはありません。
インテリアはどんなものを集めようか。
リビングは、キッチン周りは、仕事スペースは……。
これからの生活を想像しながら、小さな夢や憧れを少しずつ取り入れ
て部屋を育てていきました。

「居心地のいい部屋」の定義は人それぞれ異なると思いますが、
自分が住む家を世界でいちばん好きな場所にしたい、という気持ちは
多くの人に通ずる感覚なのではないでしょうか。
お気に入りのものでいっぱいにした空間で、住み心地よく、小さな幸
せを大切にしながら暮らしていきたい。
そんな思いを持って、今も日々部屋作りに励んでいます。
この本では、愛用インテリアや部屋作りのこだわりに加え、暮らしの
中の楽しみや、小さな心がけも合わせて紹介しています。
これから新生活を始める方だけでなく、今の暮らしをもっと楽しみた
い方にも、ワクワクしていただけるような一冊を目指しました。
少しでも皆さまのお役に立てるとうれしいです。

Contents

Contents

デザイン／鳥沢智沙 (sunshine bird graphic)

撮影／木村文平
　　　toka(P9〜11、P19、P22〜23、P25、
　　　P28〜29、P96下、P112〜113)

イラスト／toka

校正／新居智子　根津桂子

DTP／エストール

編集／原田裕子

居心地のいい
部屋作りのために

理想の部屋をイメージする

私が部屋作りで掲げていた理想のイメージは「ぬくもりのある、物語に登場するような部屋」。

新居に引っ越す前は、実家の6畳＋屋根裏部屋が自室でした。アトリエのような、秘密基地のような空間を目指して部屋作りに励んでいました。

「お気に入りのものに囲まれて心地よく暮らす」ということの大切さや楽しさは、実家の小さな部屋で過ごす中でだんだんと身についていったように思います。

実家暮らしから2人暮らしへ

新居では恋人と一緒に暮らすことになっていたので、2人暮らしを始めるという点も部屋作りの大きなポイントになりました。

お互い実家暮らしだったため、大きな家具や電化製品は新調する必要がありました。居心地のいい部屋作りを実現するために、一つ一つのアイテムを集めるにあたっては、恋人とたくさん相談しました。

インテリアへのこだわりは私の方が強く、家電については恋人の方が詳しかったため、お互いの得意分野（？）をいかしながら部屋作りを進め、今に至っています。

実家暮らしのときの部屋

実家での暮らしも大好きでした。広い部屋ではありませんでしたが、気に入った
ものに囲まれた、自分が心地よく過ごせる場所でした。自分で購入したもののほ
か、祖母から譲ってもらったアクセサリーボックスや、父からもらった洋酒の瓶
なども置いていました。
大好きな絵を描いたり、くつろいだり、仕事をしたり、が楽しくできるようにそ
れぞれのコーナーを整えていたことが、今の部屋作りにもそのままいきています。

ときめきと使いやすさを重視していたベッド周り。ハンドクリームなど、寝る前に使うケアアイテムはすぐ手の届く場所に。

6畳の部屋を区切るようにデスクを配置。仕事場と寝室としての空間を分けることで、メリハリをつけていました。

屋根裏部屋の小さなアトリエ。画材や好きな小物類を並べて、お絵かきや読書を楽しむ場所として使用していました。

STEP2 >>

理想のイメージに必要なアイテムを考える

私は絵を描くことが趣味なので、家具を揃える前に頭の中のイメージをイラストにしてみました。それを基に家具や部屋に置くアイテムを探したので、イメージに近い、統一感のあるインテリアになっているように思います。

イラストにしなくても、こんな部屋にしたいと思う写真を雑誌やネットで探すなど、自分のイメージを具体的な形にすることをおすすめしたいです。

入居してすぐに描いたリビングのイラスト。置きたいグッズなどもメモ代わりに描いて。

sofa

dining table

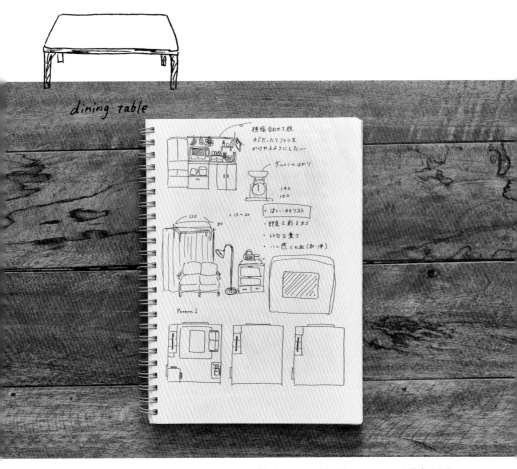

キッチンに置くカウンターやリビング家具の検討用。サイズなどもメモしておくと役立ちます。

STEP3 >>

「懐かしいもの」をミックスする

頭の中にある理想の部屋のイメージに欠かせないのが、私の場合は昔からの愛用品や思い出のある「懐かしいもの」。すべて新しいもので揃えるのではなく、実家から持っていくものもリストアップしました。例えば

・仕事に必要な PC 類

・気分を上げるデスク周りのインテリア

・祖母からもらったアクセサリーボックス

・数年前から育て始めた観葉植物

・絵を描くために必要な画材類

・まだ読み終えていない本や、

お気に入りの本、などなど……

現在の部屋では、新しいものと懐かしいものが自然とちょうどいいバランスになり、心地のいい空間を作る上で大切な役割を果たしてくれているように感じます。

生活をしていく中で、新たに必要と感じた家具類やキッチンツールなどは、そのつど買い足しています。恋人と一緒に使うものなので、何か購入したいものを見つけた際はお互い相談するようにしています。

実家のベッド周りに置いていた相棒のぬいぐるみは、ソファの上に。

デスクの前に掛けているお気に入りのものたちも、実家のアトリエからそのまま移動。

祖母からもらったアクセサリーボックスは、新たに購入したラックが定位置に。

PART1
ゼロから作った
私の部屋

部屋作りスケジュール

私の場合は、入居後に模様替えを繰り返しながら、半年ほどかけてインテリアを完成させていきました。引っ越しをする際の条件はその人によって違うので、一例として参考にしていただければと思います。ほぼ部屋作りが完成してからも、ランプを購入して間接照明を取り入れるなど、さらに居心地よく過ごせる空間になるようブラッシュアップしています。

入居前

【2カ月前】	・物件決定、契約手続きなど
【1カ月前】	・入居までに購入が必要なもののリスト作成 ・引っ越しの準備、家電選び ※引っ越し業者に依頼する場合は繁忙期なども確認して早めに準備を進める

入居前に、必要なもののリストや、しておくことをノートにまとめていました。イラストも入れて、引っ越し準備も楽しく。

入居後

【入居月】	＜前半＞・ローテーブルの購入 ＜後半＞・キッチン壁面カウンター、仕事用デスク、テレビの購入。実家からテレビ台を搬入。 ・キッチンのシンク下収納の整理整頓 ※この時点で不自由なく生活できる状態に。キッチンはほぼ完成形
【1カ月後】	・リビングとキッチンの小窓用のカフェカーテンの購入、リビングに置く食器棚兼飾り棚の購入
【2カ月後】	・カフェテーブル、ウィンザーチェアの購入 ・壁面のインテリアに挑戦（時計、絵画、ウォールシェルフ）
【3カ月後】	・ソファ、サーキュレーターの購入 ※模様替えを繰り返してイメージをさらにかためる
【4カ月後】	・冷蔵庫内、リビングの収納スペースなど細かい部分の整理整頓 ※家具の位置が定着
【5カ月後】	※帰省等のため、部屋作りはお休み

【6カ月後】	・リビングのラグを購入 ・ハイタイプのラックを購入。〝壁面の配線を隠したい問題〞を解決 ※リビングのインテリアはほぼ完成状態に
【7カ月後】	・洗面台下収納の整理 ・クローゼット内の収納の見直し＆整理整頓

何もない部屋からスタート

引っ越しのとき、新しい家具はまだほとんどありませんでした。最初、キッチンの家電は床にじか置きしていました。

何もない部屋を見ながら、リビングにある小窓のそばにはカフェテーブルを置こう、こんな部屋にしたい、という思いをふくらませていきました。収納部分はスペースを最大限活用しながら、同時に使いやすさも目指して。

さあ、部屋作りの始まりです。

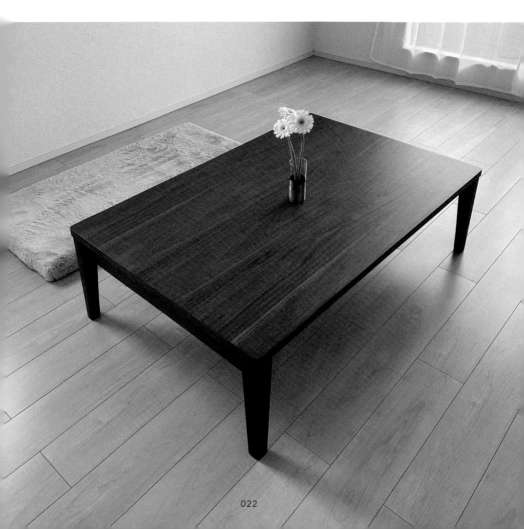

ここを優先
Check Point ☑

必要な家電は入居前に
電器店で購入。配送日
を入居後最初の休日に
指定して搬入しました。

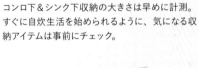

コンロ下＆シンク下収納の大きさは早めに計測。
すぐに自炊生活を始められるように、気になる収
納アイテムは事前にチェック。

家具や家電が揃っていなくても、珈琲
だけはいつでも飲めるように準備を整
えていました。引っ越し作業は体力仕
事。適度な休憩が大切です。

ネットショッピングを利用
する際はサイズ確認が必
須。商品ページや口コミ
をしっかり見ることで理想
のアイテムに出会えます。

部屋の写真の上に絵を描いて
シミュレーション

引っ越しして間もないころに部屋の写真を撮ってタブレットに取り込み、その上に家具などの絵を描いてみて、あれこれ検討しました。写真はスマホのカメラで撮影し、「ibisPaint」というアプリを使って絵を描いています。

描いてみると、どんな家具がしっくりくるか、色は？大きさや高さは？といったことが、具体的につかめます。ここに観葉植物を置きたい、こんな形の植物がいい、などもわかって、購入するときの参考になりました。

カフェテーブル周りはくつろぎの場所になるよう、お気に入りのフレームや花を飾って。

買い足す予定の家具やグリーンを描き込むと、部屋の全体像がイメージできるように。

process
3

小物も含めたイメージをかためます

大きな家具以外に、見えるところに置くものや飾るものも部屋の印象を大きく変えます。手持ちのお気に入りグッズの定位置が決まれば、いつも目にすることができて、心地よく暮らすことができます。

家具のほか、小物も合わせてイラストに描いてみました。照明、飾る絵のフレーム、花やグリーンなどの配置・組み合わせ方で、より自分が好きなインテリアに近づけていきます。

購入した家具の配置を、いったん決めます。

仕事をしたりイラストを描いたりするデスク周りは、道具類のほか、気分を上げるアイテムも置いて。

カフェテーブル周りは、飾り棚を付けたり、カーテンにもこだわって。

家具の配置はどんどん変えます

ほしい家具やアイテムは入居前からイメージを持っていましたが、最初にすべて を買い揃えたわけではありません。実際に暮らし始めてから、部屋作りに必要な ものを確かめ、一つずつ揃えていきました。

また、イメージ通りに家具を配置したあとも、見直しをしています。最初、部屋 のコーナーに置いたカフェテーブルは、椅子を向かい合わせに置ける位置に移動 し、合わせてキッチンカウンター下に置いていたキャビネットも移動。テレビな どの配線が目立たないように、テレビ台の横には背の高いラックを置きました。 今も、より心地よく暮らすために、常に改善できるところを探しています。

最初に購入したのは、写真にあるベースカラーが青のラグでした。部屋作りを進める中でイメージ が少しずつ変わり、現在はひとまわり小さいアイボリーベースのラグを敷いています。青のラグは 仕事スペースのある部屋で愛用中です。

01

TV stand

03

Cafe table

02

Window

01.テレビ台右手の配線が目立っていたので、ここにラックを置くことにしました。**02.**陽の光がよく入るキッチンの窓辺。入居後、間もないときは、ここで豆苗を育てていました。**03.**最初はリビングの隅にカフェテーブルを置いていました。

Living Room & Kitchen

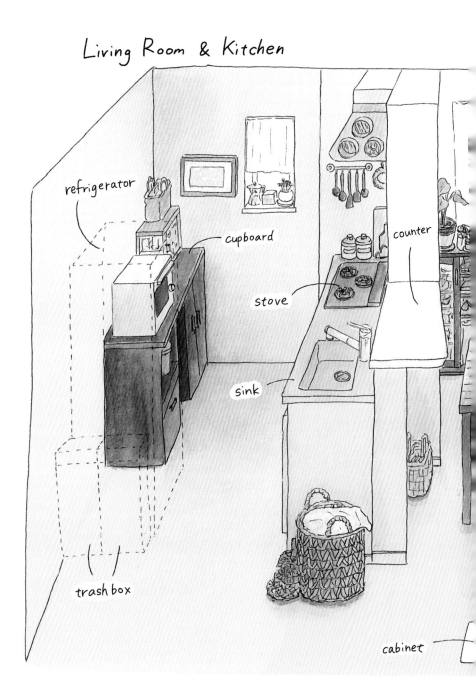

refrigerator

cupboard

counter

stove

sink

trash box

cabinet

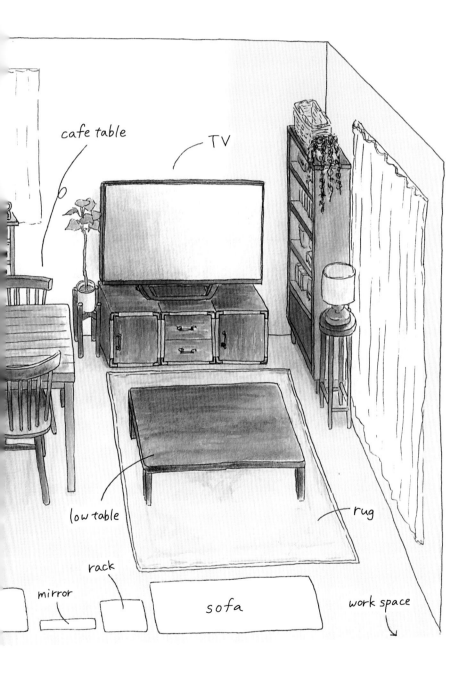

cafe table

TV

low table

rug

rack

mirror

sofa

work space

Each section of the room
―各コーナー紹介

リビング
Living room

無限の可能性を秘めた
まっさらな部屋からスタート。
本当に気に入ったものを
お迎えできるようしっかり吟味して、
暮らしの中で必要だと感じたものを
徐々に集めていきました。

Living room

憧れや小さな夢を少しずつ形にして完成したわが家のリビング。
実家から持ってきたお気に入りの小物やグリーンも飾って、
やさしく穏やかな気持ちで過ごせる空間を作りました。

リビングは食卓を兼ねるカフェテーブルコーナーと、ソファ周りのコー
ナーがあります。収納は使う場所の近くに。見せる収納と隠す部分を
分けて、見せたくないものは扉や引き出し、かごなどの中におさめます。

Mirror

鏡がリビングにあると、奥行きが感じられて部屋が広く見えます。鏡に映り込んでいるカフェテーブルそばのキャビネットは見せる収納にして、見せたくない部分はカフェカーテンで目隠ししています。

Lamp

この部屋に引っ越してから購入したテーブルランプ。リビングのインテリアでは照明も大きなポイントになっています。間接照明の明かりは心をなごませてくれます。

カフェコーナー

新しい生活を始めたら、おうちカフェを思いっきり満喫できる場所を
必ず作ろうと心に決めていました。
毎日をカフェ気分で過ごせるスペースがあると、
疲れた心と身体もほっと安らぎます。

いつかカフェを開くことを夢見て

リビングの一角にカフェのような空間を作ることが夢でした。
在宅での仕事を続ける中で感じているのは、リフレッシュするためのスペースは
いくつあってもよいということ。同じ家の中でも座る場所や見える景色が変わる
だけで、自然と気持ちもリセットされます。
もし自分の手で、小さなカフェを開くなら。テーブルはぬくもりのある木製がい
い。大きさは2人分の料理を置くのにちょうどいいサイズ。物語の中に出てくる
ようなウィンザーチェアを2脚、向かい合わせに。そんなことを妄想しながらカ
フェスペースのイメージをふくらませていきました。
ちょっとした休憩時間にはもちろん、毎日の食事の時間や夜のリラックスタイム
も、よくこの場所で過ごしています。

カフェテーブルは正方形の2人掛けサイズ。このサイズ感がカフェらしい雰囲気を作ります。お茶はもちろん、毎日の食事もこのテーブルで。

キッチンカウンターのリビング側、カフェテーブルの横に小さな飾り棚を設置。テーブルランプなどを置いています。メニュー表（P81参照）を立てる小さいイーゼルもカウンター壁面に掛けて。

夕暮れ時にテーブルランプに火を灯して。ろうそくの明かりは温かみがあってよいものです。

持ちものの中でも特にお気に入りのアイテムを並べている場所。アロマオイルウォーマーや、恋人のお母さんから譲ってもらった陶器の入れもの、ネットで見つけたエジプトの香水瓶など。きれいな空き缶にはコースターや壁に絵を飾るためのピンなどを入れています。

キャビネット横には、床にじか置きしてそのままインテリアになるソーイングボックスとフレームを。ボックス内にはネイルケアグッズを収納しています（P50参照）。

窓辺で陽が入る位置にあるので、キャビネット上の一角で観葉植物を育てています。

カフェテーブルの奥に置いたキャビネット。右側のオープン棚部分はお気に入りのグッズを並べ、あとは食器棚として使っています。左側のガラス扉内にはお気に入りのカップやポットなどを収納。雑多な印象を与えてしまいそうな食器はカフェカーテンで目隠しをして収納しています(P51参照)。

テレビ周り

テレビの存在感はインテリアから浮いてしまうことがあるので
思い描く理想の部屋のイメージに、なんとか溶け込ませたいと思っていました。
お気に入りの空間を作りながら、
家具の配置を工夫して目立つ配線問題も解決。

テレビ横のラックはときめきの場所に

リビングにある一番大きな電化製品はテレビです。映画やアニメ鑑賞、ゲームが
趣味の私たちにとってマストアイテム。ほどよい生活感は好きだけど、テレビの
ケーブルやコンセントはできるだけ隠したい。壁から続く長い配線類をどうまと
めようか、しばらく悩んでいましたが、ハイタイプのラックを置くことで目立た
なくなりました。ときめきが詰まったお気に入りの場所になっています。
テレビ台として使用しているのは、10年ほど前に「ベルメゾン」で購入した3個
セットのキャビネット。そのころはまだ高校生でしたが、当時からインテリアや
部屋作りに強い憧れがあり、「これが絶対にほしい！」と心に決めて購入した思い
出の品。実家でもずっと大切に使っていたものです。横に並べて、テレビ周りの
アイテム収納としても活用しています。

01.テレビ台の一番左にはレシピ本を入れています。母から受け継いだ古い本も大切に使っています。**02.**真ん中の引き出し上段はゲームで使うガジェット入れに。**03.**引き出し下段にはゲームのソフトや大好きな作品のDVD、Blu-rayを収納。**04.**右側の扉の中には、メイクボックスとお昼寝用のブランケット。メイク道具はすべてこのボックスに入れて、ローテーブルに道具を広げて自然光の中でお化粧をします。

本棚も兼ねるテレビ横のラックは、リビングでゆったりとくつろぎながら本を読みたいときにも便利。オープン棚とフラップ扉付きの棚の2種類を使い分けることができ、生活感の出やすいものはフラップ扉内に隠しています（P53参照）。背板がないので圧迫感がなく、すっきりとした印象に。

オープン棚には本のほか、お気に入りの小物類を置いて、見せる収納を楽しんでいます。
背表紙の色が気になる本は、カバーを掛け替えて。背後の配線はケーブル用の収納ケースを使って見た目をすっきりさせたら、同時に掃除もしやすくなりました。

祖母からもらった大切なアクセサリーボックスや、実家で愛用していた花瓶もラックに飾っています。読書のときに灯すランプは、ラック横の木製スツールの上に置いて。

ソファ・ローテーブル周り

リビングが今の状態に落ち着いたのは入居から約半年後。
ラグを敷いたり、ソファを置いたり。居心地のいい空間に育てるために
少しずつ、焦らず、必要なアイテムを揃えていきました。

2人がくつろげる空間を目指して

ベランダに続く大きな窓のそばは、やさしく、穏やかな気持ちになれるいやしの空間。日中はレースのカーテンで部屋の中に光を取り込み、夜は間接照明を灯して過ごします。テレビを見たり、本を読んだり、ソファでゆったりくつろいだり。ぬくもりを感じる落ち着いた色みで統一したリビングでは、どんなときでもリラックスタイムを心おきなく満喫できます。

一番最初にこの家にやってきた家具は、中央にあるローテーブル。これからの生活を想像する中でまず頭に思い浮かんだのは、2人横に並んでゆったりと座ることができる座卓でした。アイボリーのラグはまだ2人暮らしを始める前に、家具店で一目ぼれしたもの。思い入れのあるものが集まっているからこそ、心地よさを感じられるのかもしれません。

引っ越し当初、どんな部屋にしようかまだふんわりとしか考えていないときに搬入されたローテーブル。何もない部屋の真ん中にどんと置かれたその姿にはどこか安心感がありました。ごはんを食べるのにも、ひと息つきたいときにもちょうどいい大きさ。このテーブルの色を軸に他の家具集めも進めていきました。

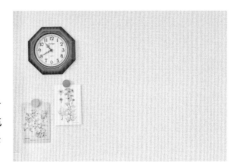

ソファ横の壁に掛けている時計。雰囲気の合うポストカードをそばに貼っています。

ソファの購入を決めたのは、家具がほとんど揃ってから。床に座る生活もいいけれど、やっぱり背もたれがあってくつろげるソファもほしい、となりました。部屋のイメージに合うような色みのソファを探して購入。ラタン製で通気性がよく、軽くて移動しやすいので掃除のときも困りません。近くにはモンステラを置いています。

ソファ横にあるのは実家から持ってきたラックと全身鏡。モンステラを置いているラックは実家にいたときに購入し、自分でダイソーのニスで着彩しました。鏡はカフェテーブルの窓側に座ったときにテレビ画面が映って見える場所に置いています(笑)。

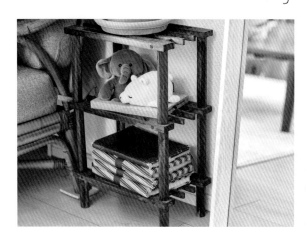

ラックは実家から連れてきた相棒のぬいぐるみたちの居場所にもなっています。

引っ越し後に購入したアンティーク風のキャビネット。こまごました日用品を詰め込んでも見た目はすっきり。薬類も収納して、救急箱の役割も担っています（P52参照）。

心地よさを保つリビング収納

「なんとなくきれい」な状態を保つ仕組みがあるわが家のリビング。
ゆとりのある収納場所を作ることで、片付けも楽しみながら
取り組むことができて、心にもゆとりが生まれる気がします。

収納スペースは余白を作る

きれいな部屋を保つために一番大切な習慣は、全てのものに住所を決めて、使った後はすぐ元の場所に戻すこと。わかってはいるものの、暮らしの流れに身をまかせていると、あちこちに出したものが点在してしまいます。

ですが、リビングに生活感が出てくるのはごく自然なこと。一日中完璧にきれいな状態をキープするのはとても難しいし、細かいルールを決めすぎると心がちょっぴりきゅうくつになってしまう。楽しく暮らすことが何よりも大切なので、心にも収納にもゆとりを持たせています。

もともと整理整頓が苦手だった私の強い味方は、自由に使える余白を作った収納スペース。そのまま置いてもインテリアとしてかわいいかごや木箱たちも、収納に活用しています。

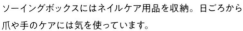
ソーイングボックスにはネイルケア用品を収納。日ごろから
爪や手のケアには気を使っています。

カフェテーブル奥のキャビネットはお茶の時間に使うカップやグラスなどを主に収納。見えるところと隠すところで入れるアイテムを分けています。カフェカーテンはつっぱり棒を使って掛けています。

アンティーク風のキャビネットの上段、フラップ扉内はボディケア用品入れに。ネイルケア用品同様、お手入れしたいときにさっと出せる場所に入れておきます。

キャビネットの引き出しの1段分は救急箱代わりにしています。紙袋を折って作ったボックスで区切り、出し入れしやすく。ほかの引き出しにはフローリングワイパーのシートなど、掃除道具や日常的に使うものを入れています。

テレビ横のラック下段、フラップ扉内はあえてものを入れずにスペースを空けています。とりあえず片付けたいものや、定位置が決まっていないものの一時置きの場所として、リビングが散らかるのを防ぐ役割を果たしています。ラック掃除に使うハンディワイパーもここに収納。

カメラのレンズやSDカードなど、動画撮影をする際に必要なものを入れたケースとタブレットは、かごに入れてカフェテーブル横に置いています。Vlogの撮影をしようと思い立ったときにもすぐ取り出せて便利です。

自宅で仕事をする上で大切なのはモチベーションを高める環境作り。
お気に入りのものをデスクに並べて、必要なものはきちんと整理し、
集中できる空間に整えています。

やる気を後押しするしつらえに

私の職場はリビングの隣の部屋。一角に小さなワークスペースを設けています。今
まで実家で大切にしていた小物類や照明などを配置して、使いやすさと居心地の
よさがちょうどいいあんばいです。

仕事を始めるのは朝9時から。午前中は日の光が東向きの窓からたっぷり入りま
す。お供のドリンクを用意して椅子に座ったら、大きく深呼吸。好きなものに囲
まれたお気に入りの空間にいると、自然と気持ちが前向きに。やる気もどんどん
わいてきます。

新しい家でのアトリエ作りにとてもワクワクしていました。これから先もずっと使えるものを選びたかったので、デスク探しには少し時間がかかりました。それまではPC類をボックスにまとめ、リビングのローテーブルで仕事をしていました。偶然アウトレットで見つけた一点もののデスクに心ひかれてお迎え。温かみのあるチーク材に真鍮の取っ手がアクセントに。このデスクを軸にして周りのインテリアも整えていきました。フロアライトのウッドパーツとゴールドがまるでデスクとお揃いのようでお気に入り。椅子は実家の仕事場でも使っていたものをそのまま愛用しています。

趣味のお絵かきやちょっとした手仕事もこの場所で行うことが多いです。お気に入りの画材も引き出しなどに収納しています。

椅子に掛けたトートバッグに仕事道具や画材などを入れて、リビングに移動することも。場所を変えて気分転換しながら作業を続けます。

午後からはデスクの隣に置いている
ランプを灯して間接照明に。だんだ
んと部屋が暗くなってくる夕方、仕
事終わりに向けてラストスパート。外
の明るさで時間の流れを感じながら、
メリハリをつけて作業をするのが毎
日のルーティンです。

必要なものとお気に入りの小物をバランスよく配置。自分らしい仕事スペースになりました。

陽の光の移ろ
いが感じられ
る特等席です。

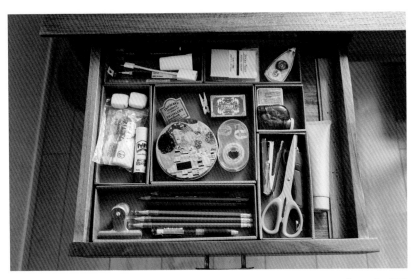

デスクの引き出しには文具や画材類を入れて。 既製品のボックスを組み合わせて使いやすく整理
しています。

デスクの上に置いている無印良品のアクリルボックスは、コレクションしているマスキングテープを
入れるのにぴったりのサイズ。

キッチン
Kitchen

お気に入りの器や道具が並んだ
キッチンを見ると心が躍ります。
使いやすいことはもちろん、
毎日のお料理の時間がさらに楽しくなる
工夫をたくさんちりばめています。

コンロ周り

この家に引っ越してきてから一番最初に仕上げた場所。
絵本の中に登場するようなキッチンに憧れて、
壁周りも最大限に活用しながら、
お気に入りの調理道具をたくさん並べています。

調理のしやすさと見た目を両立させて

コンロ周りは使いやすく、かわいく整えることが最大のテーマでした。
よく使うキッチンツールや鉄のフライパンなどは壁掛け収納にして、通気性のよい場所で保管したい蒸籠やたわしもレンジフードの側面に掛けています。塩や砂糖、菜箸や計量スプーンなど、調理でよく使うメインアイテムも全てコンロの周りに配置。見せる収納を意識しながら、調理がスムーズになるようにしています。油はねが気になる箇所ではありますが、必要なものが手元に揃っていると料理がしやすい。そして何より、お気に入りのものが並んだキッチンを見ると毎日元気になれます。定期的なふき掃除を習慣にして、使いやすく、気分の上がるキッチンを保てるように心がけています。

手を伸ばせばすぐに取れるところに、よく使うツールや調味料を置いています。乾燥させたい蒸籠や鉄製のフライパンも掛ける収納がベスト。

コンロ周りのほか背後のカウンターも活用して、料理が効率的にできるよう工夫しています。

窓のあるキッチンもこの部屋のうれしいところ。カーテンやグリーン、キッチン小物でかわいく飾っています。

朝食のトーストは焼き網を使って
ガスコンロで焼くと香ばしい。キ
ッチンカウンター手前に置いたコ
ーヒーメーカーで珈琲をいれて。

リビングの入り口からキッチンの奥まで見通せてしまうので、コンロ周りも常にきれいをキープ。

01. コンロ下のスペース。フライパンは立てて収納。調味料や油なども調理中にすぐ出せるこの位置に。既製品のパッケージは見えるところにはできるだけ置かないようにしています。**02.** 魚がおいしく焼けるグリルパンは、グリル内に収納。

キッチンカウンター

今の部屋を内見したとき、真っ白で広々とした
キッチンカウンターに一目ぼれ。
この場所で毎日楽しく料理を作っているイメージが
自然と頭の中に思い浮かびました。

余白を残して使い勝手よく

白は暮らしのどんなイメージにも寄り添ってくれる万能の色です。キッチンカウンターに合わせて調理家電は全て白に統一。すっきりとした印象に整えつつ、温かみも感じられる居心地のいいキッチンを目指しました。

洗い終えた食器を置いたり、時には調理スペースやテーブルとして使ったり。いろいろ活用できるようにカウンターの半分はものを置かず、フリースペースにしています。

場所を固定しているのは、ほぼ毎日使っているコーヒーメーカー。シンクに近く、手も届きやすいのでここに置いて正解でした。キッチン側から見るリビングの景色もお気に入りです。

リビング側から見たカウンター。白い天板がキッチンをすっきり見せてくれます。少しものがふえただけで一気に生活感が出てしまう場所なので、置くものは厳選して。いつも置いているケーキスタンドには、祖母から譲ってもらったシュガーポットやカップ類を並べています。

ふだんは空けているスペースに、水洗いできるざるを置いて吸水力抜群のティータオルをのせ、水きりかご代わりに。ここに置くと洗い終えた食器さえも一つのインテリアになって、お気に入りの器がキラキラと輝いて見えます。

キッチン壁面カウンター

料理中にくるっと後ろを振り向けば、調理家電と食器が収納された
お気に入りのキッチンカウンターと向き合えます。
キッチンの壁面収納は強いこだわりを持って作り上げました。

インテリアの一部になるものを選んで

家のどこにいてもよく見える場所なので、使い勝手がいいことはもちろん、イン
テリアとしてもときめく仕上がりにすることが目標でした。

必要条件は持っている器をきちんと収納できて、調理家電を置けて、作業スペー
スとしても使えるもの。できれば炊飯器は引き出しタイプの棚に置きたい。食器
以外のアイテムを収納できる引き出しもあるとさらにうれしい。先に冷蔵庫を置
いたので、設置できる幅150cmのカウンターを探しました。

経験上、イメージが具体的すぎると理想通りのアイテムを見つけるのは難しいの
ですが、数種類の棚と天板の中から好きな組み合わせを選んで作る収納カウンタ
ーをネットで発見し、「これだ！」と。やっぱりネットショッピングはやめられま
せん。くっきりとした木目のブラウンで、リビングの家具とも統一感のある雰囲
気になりました。

ネットでは、置き
たい家具の大きさ
を決めてから「棚
幅150cm」などの
検索条件を入れて
アイテムを探すこ
とが多いです。

グラス類のほか、ガ
ラス製のポットやピ
ッチャーを入れて。
下のスペースもトレ
イの置き場として活
用しています。

カウンター上に小さいキャビネットを置いています。中が見えるので、
ガラス食器専用の収納場所に。

食器用のクロス類
はたたんでかごに
並べています。

食器が大好きなのですが、この部屋に引っ越してきてからは、収納場所を確保してから新しいもの
を購入するように心がけています。大きさが近い食器は重ねて収納していますが、そろそろ他の収
納スペースを用意したほうがいいかもしれません(笑)。

ひんぱんには使わない
お菓子作り用の型は、引
き出しの底のほうに入れ
ます。

珈琲のドリップバックやティ
ーバッグなどは、電気ケトル
に近いこの引き出しの中に
収納しています。

カウンター下の扉のある棚には食事でよく使う食器類を収納。スペースを最大限活用しています。ティーセットや使用頻度の低い食器はリビングのカフェテーブル奥の棚に。

シンク周り

見える部分にはお気に入りのものを。
見えない部分はとにかく使いやすく、わかりやすくすることが
部屋作りのポイント。
特にキッチンのシンク周りは、動線を意識した配置を心がけています。

収納グッズを活用して使いやすく

気を抜くとすぐに生活感が出すぎてしまうシンク周り。できるだけすっきりとした印象になるように、水きりラックやスポンジホルダーは白に統一しています。シンク下の収納スペースには必要なものだけを置き、暮らしの中でより使いやすくなるように手を加えながら、自分にとってベストな配置を追求し続けています。よく使う鍋などは扉を開けて1アクションで取り出せるところに。便利な調理道具を持っていても、棚の奥底で眠らせてしまうと存在ごと忘れてしまいそうなので、詰め込みすぎは避けて、どこに何があるのかわかりやすくしています。

洗剤のボトルやハンドソープも白にするとすっきり見えます。

シンク下の収納。鍋類やボウルなどのほか、洗剤類もここに。収納グッズを使ってパズル感覚でキッチンアイテムをおさめています。100円ショップで収納グッズを見るのが好きなのですが、不要なものまで買いがちなので、購入する際はサイズの計測とシミュレーションを念入りに。必要なものだけをそのつど買い足していきます。

01.引き出し上段はカトラリー入れに。奥のケースには水きりネットと小さいポリ袋を収納。02.引き出し中段には保存容器や珈琲用ペーパーフィルター、ハンドミキサーなどを収納。03.引き出し下段にはポリ袋やジッパー付き保存袋、使い捨て手袋など。

その他のキッチン収納

キッチンは家の中で一番アイテム数が多い場所。
リビングと同様にインテリアに合う
かごなどを置いて収納場所をふやしながら、
限りある空間をフル活用しています。

冷蔵庫側面も収納スペースに

ミトンや台ぶきん、ラップ類など、いつも手に届く場所に置いておきたいものや、
使用頻度は低くても、いざというときのためにそばに収納しておきたいものなど、
キッチンで使っているアイテムはまだまだたくさんあります。
そこで目をつけたのが、冷蔵庫の側面、そしてシンク横。冷蔵庫は見えてもかわ
いい面と、使いやすさを重視した面でアイテムを分けています。
玉ねぎとじゃがいもは通気性のいい野菜専用のかごに入れてシンク横に。

冷蔵庫の左側面にはふきんやミトン、ゴミ袋を入れたかごを掛けて。色みはナチュラルカラーで統
一。裏側の面(右側面)にはラップ類を入れたボックスをつけています。

色を揃えてすっきり

風通しのよいところ
で常温保存するじ
ゃがいも、玉ねぎは
かごに入れてシンク
横に置いています。

備え付けの収納に入りき
らない保存容器やピッ
チャーも、大きめのかご
に入れて布を掛け、シン
ク横に。必要なときに取
り出しやすく、便利にな
りました。

PART2

部屋で過ごす

時間の楽しみ方

イラストを描く

お気に入りの部屋で過ごす時間を思いっきり楽しみたい。
没頭できる趣味があると時間も悩みも忘れられる気がします。
私にとってその一つは「絵を描く」こと。日々の生活にもメリハリがつきます。

お絵かきや手仕事をする時間は私にとっていやしのひととき。子どもの頃から絵を描くことが大好きで、大人になった今も続けている趣味の一つです。日々の生活を絵日記感覚でスケッチしたり、思い出の紙をノートに切り貼りしたり。時間を見つけては、暮らしの中で見つけた小さな幸せを描きためています。

また、お絵かきそのものを楽しむだけでなく、暮らしを豊かにするツールとしても活用しています。例えば、カフェ風のメニュー表。よく作る献立や食べたいメニューを紙に描いてバインダーにはさみます。思いつきで描き始めた季節のお野菜メモも、描くことであらためて野菜の勉強ができて、意識的に旬のおいしい食材を選ぶようになりました（P82-83参照）。ちょっとした工夫で毎日の食事の時間がもっと楽しくなります。

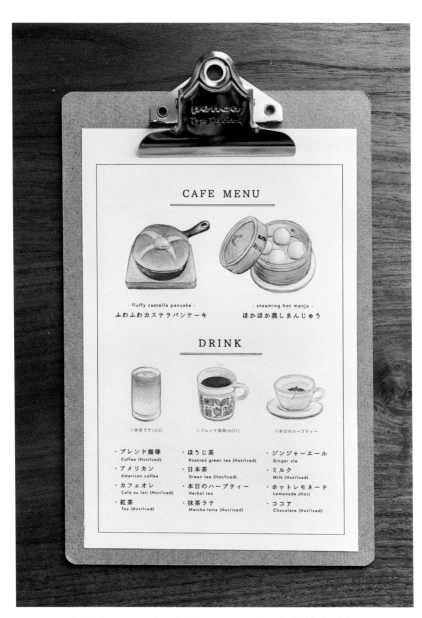

CAFE MENU

- fluffy castella pancake -
ふわふわカステラパンケーキ

- steaming hot manju -
ほかほか蒸しまんじゅう

DRINK

○抹茶ラテ(ICE)　　　○ブレンド珈琲(HOT)　　　○本日のハーブティー

・ブレンド珈琲
Coffee (Hot/Iced)

・アメリカン
American coffee

・カフェオレ
Cafe au lait (Hot/Iced)

・紅茶
Tea (Hot/Iced)

・ほうじ茶
Roasted green tea (Hot/Iced)

・日本茶
Green tea (Hot/Iced)

・本日のハーブティー
Herbal tea

・抹茶ラテ
Matcha latte (Hot/Iced)

・ジンジャーエール
Ginger ale

・ミルク
Milk (Hot/Iced)

・ホットレモネード
Lemonade (Hot)

・ココア
Chocolate (Hot/Iced)

大好きなメニューのイラストを描いて。おうちカフェ気分が上がります。

Spring

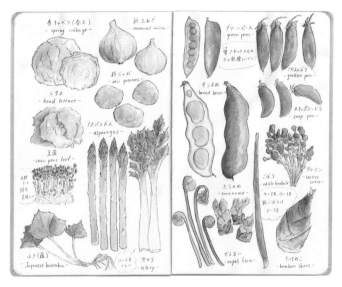

春の野菜。たらの芽やぜんまいなど、山菜にも目が向くようになりました。

Summer

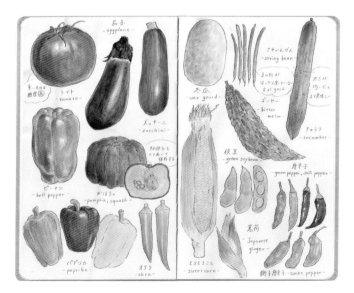

夏の野菜。色鮮やかな野菜が多いのは、夏ならでは。

Autumn

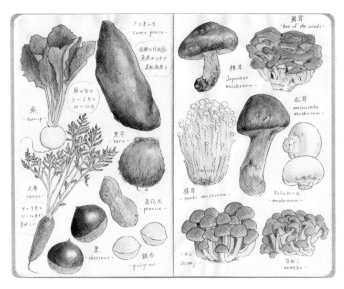

秋の野菜など。栗やおいも…、好きなものがいっぱいの季節です。

Winter

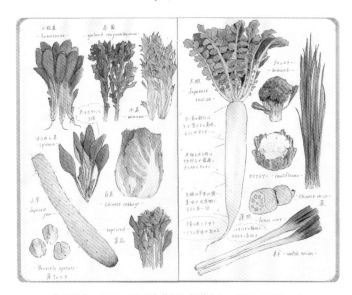

冬の野菜。おいしくなる青菜類や根菜をたっぷりいただきます。

イラストの描き方手順

画材はいろいろ試してきましたが、今は、水彩絵の具を使ったお絵かきがいちばん好き。水筆ペンと水彩パレットがあれば、手軽にどこでも絵を描くことができます。水彩絵の具を使ったイラストの描き方をご紹介します。

❶ イラストを描く位置を大まかに決める

❷ モチーフを見ながら鉛筆でかるく下描きをする

❸ ねり消しを使って線を薄くする

❹ 色鉛筆やペンで下描きをなぞる

❺ 不要な線は消しゴムで消す

❻ 水彩絵の具で淡い色を着彩する

❼ 乾燥後、さらに濃い色を重ねる

❽ 細かい部分はペンや色鉛筆で描き込む

❾ 完成

イラストで使う画材

下の写真にあるメイン画材のほか、下描きで使用する鉛筆や、消しゴム、ねり消しなど。ペンは無印良品のゲルインキボールペン (0.38mm) を長年愛用しています。水彩パレットに残った絵の具は少量の水で溶けば、再度使用することができます。パレットを使って何色か混ぜ合わせながら色を育てると、絵の具から直接取る色にはない、絶妙な風合いに仕上がります。

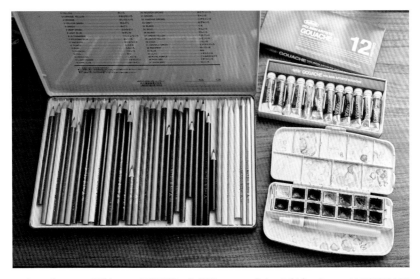

メインで使っている画材3つ。三菱鉛筆の色鉛筆880 36色セット（左）、ホルベイン不透明水彩絵具〈ガッシュ〉12色セット（右上）、呉竹透明水彩セット14色セット（右下）。

イラストを描くのは仕事スペース兼アトリエのデスク。よく使うお気に入りの画材やノートなどは引き出しの中に収納しています。手前左のお菓子缶は簡易ゴミ入れとして利用。机の上にたまった消しゴムのカスや紙くずなどを一時的に入れ、後からゴミ箱に捨てています。

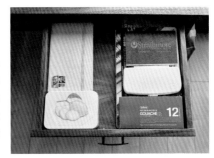

手作りスイーツでお茶の時間

疲れた心と体をいやしてくれるおやつタイム。
市販のお菓子やケーキもよく食べるけど、
おうちで作るおやつはちょっぴり特別。
毎日を楽しく過ごすために、甘いものは欠かせません。

お店のようなできばえを目指したお菓子作りも楽しいけれど、難しすぎな
い、日常の中に取り入れやすいシンプルなお菓子作りも大好きです。お
うちで作るおやつは愛嬌があってかわいい。大ざっぱに作っても、少し
形が崩れても、作る過程が楽しいと自然と笑顔になれる気がします。
簡単に作れて、なおかつ洗いものも少なくてすむ定番のおやつレシピが
あると、ふと思いついたときに挑戦できて、いい気分転換になります。
自分で一から作るからこそ、体にうれしい素材を選びたい。好きな音楽
をかけながら材料を混ぜて、ゆっくりと本を読みながら焼き上がりを待
つ。自分のためのお菓子作りはおうちで楽しめる最高のぜいたくです。
今回は計量スプーンがあればスケールいらずのレシピを３種類ご紹介し
ます。

◎ よく使う材料

太白ごま油。くせがないのでお菓子作りでも活躍。

製菓用米粉。グルテンフリーなので、小麦粉の代わりに使用。

きび砂糖。まろやかな甘みでミネラルが豊富です。

オートミール。ザクザクした食感を楽しめます。

◎ 愛用している道具

母から譲ってもらったタニタのスケール。0.5g単位まで量れて優秀です。

ハンドミキサー。ラッセルホブスのもの。デザイン性が高くて、収納ケース付きなのがうれしいポイントです。

ケーキクーラー。焼き菓子をさますのに欠かせません。

3COINSの計量カップ。500mℓまで量れて、見た目もかわいいです。
※この本のレシピ内の1カップは200mℓです。

Sweets recipe

甘いおやつには
ブラック珈琲を合わせます

米粉のカステラパンケーキ × 珈琲

材料 （直径15cmのスキレット1個分）

卵 … 2個

A 米粉 … 大さじ4と1/2
　　ベーキングパウダー
　　　… 小さじ1/2
　　牛乳 … 大さじ2

きび砂糖 … 大さじ4

油 … 適量

準備

・オーブンは180℃に予熱する。

作り方

1 卵は卵黄と卵白に分けて別々のボウルに入れ、卵白のボウルは冷蔵室に入れておく。

2 卵黄のボウルに**A**の材料を加え、ゴムべらで混ぜ合わせる。

3 卵白のボウルに砂糖を数回に分けて加え、そのつどハンドミキサーで混ぜ、最後はつのが立つまで泡立てる。

4 **2**のボウルに**3**の卵白を少し加えてゴムべらで混ぜ合わせてから、残りの卵白も加えて切るように混ぜる。

5 油をひいたスキレットのふちギリギリの高さまで生地を流し入れ、表面をゴムべらでならす（生地が余ったら、耐熱容器に入れて同様に焼く）。

6 オーブンで約10分焼く。いったん取り出し、表面に十字の切り目を入れてさらに約10分焼く。

7 好みでバターをのせてメープルシロップをかける。さめるとしぼむので温かいうちに食べる。珈琲を添えて。

※珈琲はコクがあって香りが華やかな中深煎りの豆を選びました。

卵白はつのが立つまで泡立てる。これがふんわりふくらむポイント。

Sweets recipe

オートミールのざくざく食感とジャムのほのかな甘みがおいしい、
素朴なクッキーです。お気に入りのカップにハーブティーをいれて。
気分は憧れの物語の主人公

ジャムのせオートミールクッキー × ハーブティー

材料 (8枚分)

オートミール … 大さじ7

アーモンドプードル … 大さじ1と1/2

米粉 … 大さじ2

きび砂糖 … 大さじ1

シナモンパウダー … 小さじ1/2

水 … 大さじ1

太白ごま油 … 大さじ1

はちみつ … 大さじ1

いちごなど好みのジャム
　　… 適量

準備

・オーブンは180℃に予熱する。

作り方

1 ジャム以外の材料をすべてボウルに入れ、粉けがなくなるまでゴムべらでよく混ぜる。

2 天板にオーブンシートを敷く。大さじで生地を1/8量ずつすくって天板にのせ、バターナイフで形を整えながら中央にくぼみを作る。

3 オーブンで約14分焼く。いったん取り出し、くぼみにジャムをのせ、160℃に下げたオーブンで4〜5分焼く。好みのホットハーブティーを添えて。

※ハーブティーはカモミールティーで。バタフライピーやレモングラスなどにすることも。

※はちみつが含まれているので、1歳未満の乳児には食べさせないでください。

大さじですくった生地をバターナイフなどではずして天板にのせる。

おうちで簡単に楽しめるもちもち食感のクレープ。
材料を混ぜ合わせたらあとはフライパンで焼くだけ。
甘さ控えめなので、おかずクレープとしても楽しめます

米粉のクレープ × 抹茶ラテ

材料 (直径20cmのフライパン・4〜5枚分)

卵 … 1個

米粉 … 大さじ7

きび砂糖 … 大さじ1

太白ごま油(またはサラダ油) … 大さじ1/2

牛乳 … 大さじ7

油 … 適量

作り方

1　ボウルに卵を溶きほぐし、米粉、砂糖、ごま油を加えて泡立て器でよく混ぜる。

2　牛乳を少しずつ加えながらダマがなくなるまで混ぜる。

3　フッ素樹脂加工のフライパンに油を薄くひき、お玉1杯分の生地を流し、弱めの中火で焼く。

4　焼き色がついたら返し、裏面も焼く。残りも同様に焼く。

5　器にクレープを盛り、好みで粉糖をふってミントの葉を添える。

火がすぐに通るので、こんがり焼き色がついたら返す。

抹茶ラテ

材料と作り方(1人分)

1　抹茶、きび砂糖各小さじ1に湯大さじ3を加えて溶かし、粗熱をとる。

2　牛乳150mℓにガムシロップ1〜2個を入れてよく混ぜる。

3　氷を入れたグラスに2を注ぎ、氷の上から静かに1を注ぐ。

Sweets recipe

2人で作る料理

子どものころから食べることが大好きで、その延長で料理が趣味の一つ
になりました。一日の中でいちばんの楽しみは、食事の時間かもしれませ
ん。食は心と身体の健康を支える、暮らしの中でとても大切なもの。2人暮
らしを始めてから、日々の食事により丁寧に向き合うようになりました。
作ることも、食べることも大好きな私たち。夕食は基本的に2人で一緒
に作り、私の仕事が立て込んでいるときは恋人が担当してくれます。朝
食を食べながらその日の夕食について案を出し合い、冷蔵庫をのぞきな
がら献立を組み立てていくのが毎日のルーティン。
新しい料理に挑戦したり、お気に入りのレシピがさらにおいしくなるよ
う研究したり。一日の大半をキッチンで過ごす休日もよくあります。

いただきます

◎ 愛用している道具

深さのあるマイヤーの片手鍋。パスタもこれでゆでています。内側はフッ素樹脂加工。

スタッキングできるハリオの耐熱ボウル。ふたがあるのも便利。ふたには水きり口がついています。

煮込み料理に活躍する耐熱ガラス製の鍋。オーブンもOKなので、パンを焼くのにも使っています。

サラダスピナー。しっかり水がきれるので、サラダが水っぽくなりません。

木製のキッチンツール。漆塗りなので、色やにおいもしみ込みません。

無印良品の耐熱性のゴムべら。継ぎ目のない一体型で、洗いやすい点も◎。

2つに分解できるキッチンばさみ。洗うのが楽になります。

無印良品の冷蔵庫用米保存容器。袋から移し替えて冷蔵室で米を保存します。

◎ 愛用している食器

無印良品のシリーズ。2人分をあえて
白とグレーの色違いにしました。

MIKASAのアラベラは大好きな柄。
シリーズでアイテムを揃えています。

イタリアの磁器メーカーSaturniaのシ
リーズ。色も形も使いやすく、出番が
多いです。

ニュアンスのあるくすみ色が魅力的な
SAKUZANのシリーズ。だ円皿はたく
さん持っています。

手持ちの和食器たち。料理
の映える白や、藍を使った
ものがほとんど。同じ白で
も色みや質感が違い、それ
ぞれに表情があります。

ヴィンテージのデミタスカップ。エスプレッソに限らず、ちょっとお茶を飲みたいときに使っています。

恋人のお母さんからいただいたティーポット。私の好みがどうしてわかったのかな、と思ったうれしいプレゼントです。

NIKKOボーンチャイナの繊細な柄のボウル。深型、浅型の2種類がサラダやスープなどに活躍してくれます。

スペイン製の丈の低いグラス。ワインはもちろん水にもお茶にも幅広く使えて、とても便利です。

グリーンのラインが入ったシンプルなデミタスカップ。カップは好みのものが見つかると、つい手が伸びます。

お抹茶をたてる時間は心が落ち着きます。抹茶ラテ（P92）などにもアレンジして。

YouTubeの動画編集で忙しかったとき、突然恋人が作ってくれたメニュー。
豆乳と白ごまのまろやかでコクのあるスープがお気に入りです。
肉みそをめんによくからめてどうぞ。休日ランチの定番メニュー

白ごま豆乳担々そうめん

材料 (2人分)

〈肉みそ〉
- 豚ひき肉 … 100g
- ごま油 … 小さじ1/4
- 酒 … 大さじ1
- 甜麺醤 … 小さじ1と1/2
- (あれば) 麻辣醤 … 小さじ1/2
- 豆板醤 … 小さじ1/2
- しょうゆ … 小さじ1/2
- みりん … 小さじ1/2

〈スープ〉
- にんにくチューブ … 4cm
- しょうがチューブ … 4cm
- 白練りごま … 小さじ4
- 甜麺醤 … 大さじ1
- 鶏がらスープの素 … 小さじ2
- 酢 … 大さじ4
- 豆乳 … 150ml

そうめん … 3〜4束
青ねぎの小口切り … 適量
白すりごま、ラー油 … 各適量

作り方

1 肉みそを作る。鍋にごま油を中火で熱し、ひき肉を入れて色が変わるまで炒め、出てきた脂をふき取る。

2 肉みその残りの材料をすべて加え、混ぜながらよく炒める。

3 耐熱の深い器2つにスープの材料を等分して入れ、よく混ぜ合わせておく。

4 別の鍋に湯を沸かし、そうめんを約40秒ゆでる。ザルにあけて、水でぬめりと塩けをよく洗い流し、湯をかけてめんを温め、水けをきる。

5 3を電子レンジ (600W) で約1分ずつ加熱し、熱湯175mlずつを加えてよく混ぜる。

6 5にそうめんを加えて肉みそをのせ、青ねぎ、すりごま、ラー油をトッピングする。

Food recipe

一口食べれば疲れも吹き飛ぶ、わが家のオススメの一品。

ブライン液に漬けると鶏肉がジューシーになります。

ころもがザクッと食感になる小麦粉と片栗粉の割合を研究しました

うちのから揚げ

材料 (2人分)

鶏もも肉 … 300g

〈ブライン液〉

┌ 水 … 1カップ
└ 砂糖、塩 … 各10g

A ┌ 酒 … 大さじ2
　│ しょうゆ … 大さじ1/2
　│ 砂糖 … 小さじ1
　│ 顆粒だし … 小さじ2/3
　│ 黒こしょう … 小さじ1/3
　│ にんにくチューブ … 4㎝
　│ しょうがチューブ … 3㎝
　└ 卵 … 1個

┌ 片栗粉 … 60g
└ 小麦粉 … 15g

揚げ油 … 適量

作り方

1 ブライン液の材料をポリ袋に入れて混ぜ、鶏もも肉を漬けて冷蔵室で2時間以上おく。

2 **1**の鶏肉の汁けをきり、一口大に切る。

3 ポリ袋に鶏肉と**A**の材料を入れてよくもみ込み、冷蔵室で約30分寝かせる。

4 片栗粉と小麦粉を混ぜてころもを作る（片栗粉と小麦粉の割合は8：2）。

5 **3**の鶏肉の汁けをかるくきって**4**をまぶし、160℃に熱した油で約3分30秒揚げる。一度取り出し、油の温度を180℃に上げて、さらに約2分揚げる。

※好みで竹串などで穴をあけたししとうを素揚げして添えてもよい。

※黒こしょうの代わりに粉山椒小さじ1/2を使ってもおいしい。

ブライン液に漬けた鶏肉は、さらに下味に漬けて30分おく。

何度も試作を重ねてやっと完成したレシピ。

ソースはいつも多めに作って冷凍保存しています。

パスタの他にもドリアにしたりパンにのせたり、アレンジの幅は無限大

ボロネーゼソース・パスタ

材料 (2人分)

〈ボロネーゼソース〉

┌ 玉ねぎ…（中）1個
　にんじん…1/4本
　セロリ…3本
　にんにく…1片
　オリーブ油…小さじ2
　牛ひき肉…150g
　赤ワイン、水…各1/2カップ
　（あれば）ナツメグ…小さじ1/2
　ローリエ…1枚
　塩…適量
　粒黒こしょう…適量
└ 　（ペッパーミルで15削り程度）
にんにく…1片
オリーブ油…大さじ1
トマト缶…150g
牛乳…1/2カップ
バター…7g
塩、こしょう…各少々
┌ スパゲティ…160g
└ 塩…小さじ4

作り方

1 ボロネーゼソースを作る。玉ねぎ、にんじん、セロリ、にんにくはみじん切りにする。

2 小さめの鍋にオリーブ油小さじ1を熱し、**1**を入れてふたをし、ときどきかき混ぜながら弱火で25〜30分蒸し煮にする。

3 フライパンにオリーブ油小さじ1を熱し、ひき肉をほぐさずに入れ、両面に焼き色をつけてからほぐすように炒める。

4 **2**の鍋に**3**、赤ワイン、水を加えて混ぜ、強火で約2分加熱する。

5 ナツメグとローリエを加え、ときどきかき混ぜながら汁けがなくなるまで弱火で約12分煮る。塩、こしょうで味を調える。

6 **3**のフライパンをふき、みじん切りにしたにんにくとオリーブ油大さじ1を入れて中火にかける。香りが立ったら、**5**、トマト缶、牛乳、バターを入れ、混ぜながら3〜4分煮る。塩、こしょうで味を調える。

7 鍋に湯を沸かして塩を入れ、スパゲティを加えて表示時間より約2分短くゆでる。

8 湯をきって**6**に加え、ソースを全体にからめるように混ぜながら約2分加熱する。

9 器に盛り、好みで粉チーズをふる。

Food recipe

私の中で、使うほどに愛着が増す調理器具 No.1 が蒸籠です。

蒸し調理は栄養が損なわれにくく、調理後そのまま食卓に出しても美しい。

使いなれると、すぐ手に取りたくなる大切な料理の相棒です。

チーズと蒸し野菜の組み合わせがたまらなくおいしいんです。

用意するのはお好みの具材と市販のチーズフォンデュソースだけ。

ソースはココットに入れて蒸籠にセットし、一緒に蒸します

チーズフォンデュ

材料（直径18cmの蒸籠1個分・1人分）

ブロッコリー … 1/4個
黄パプリカ … 1/2個
エリンギ … 1本
ウインナー … 3本
チーズフォンデュソース（市販）
　　… 適量

作り方

1 ブロッコリーは小房に分け、黄パプリカ、エリンギは食べやすく切る。

2 蒸籠に**1**とウインナーを並べる。チーズフォンデュソースはココットに入れて蒸籠に入れる。

3 鍋に湯を沸かし、蒸籠にふたをしてのせ、中火で約5分蒸す。

4 野菜やソーセージにソースをつけながら食べる。

蒸籠のお手入れは、キッチン用のブラシでこすり洗いすればOKです。

1つの鍋の湯で「ゆで」と「蒸し」ができる、一石二鳥の時短レシピ。
鍋で先にパスタをゆで始め、そこに野菜を入れた蒸籠をのせます。
このオイルパスタは私のお気に入りランチメニュー

ドライトマト・オイルパスタと蒸し野菜

材料 (1人分)

まいたけ … 1/2株

キャベツ … 1/8個

れんこんの半月切り … 4枚

にんじんの斜め薄切り … 3枚

スパゲティ … 80g

塩 … 小さじ2

オリーブ油 … 大さじ2

にんにく … 1片

セミドライトマトのオイル漬け
　(P111参照) … 約10個

岩塩(または塩)、
　粗びき黒こしょう … 各少々

好みのドレッシング … 適量

作り方

1 まいたけは小房に分ける。蒸籠にキャベツ、れんこん、にんじんとともに並べる。

2 蒸籠をのせる鍋に湯を沸かし、塩を加えてスパゲティを表示時間通りにゆでる。

3 1の蒸籠にふたをして2の鍋にのせ、中火で約5分蒸す。

4 フライパンにオリーブ油と薄切りにしたにんにくを入れて弱火にかけ、香りが立つまで炒める。

5 ゆで上がったスパゲティとセミドライトマト、ゆで汁少々を加えて中火で炒め合わせ、塩で味を調える。器に盛り、こしょうをふる。

※蒸し野菜を添え、ドレッシングをつけて食べる。

スパゲティをゆでている鍋の上に、
野菜の蒸籠をのせて同時調理。

Food recipe

トースターなしのパンレシピ

新居で置き場所に悩んでいる間に月日は流れ、結果としてトースターは買わないことに。1〜2人分ならトースターなしでもおいしくパンを楽しめることに気づきました。セラミックの焼き網を使えば、冷凍食パンもサクッともちもちに仕上がります。オイルを熱したフライパンでじっくり焼くと、香ばしい小麦の香りがたまりません。朝はパンと珈琲派。その日の気分でいろいろなアレンジに挑戦しています。

朝食でよく作るアレンジトーストです。厚めの食パンを使うことがポイント。
じゅわっと広がるバターとちょっぴりの塩け。
ベーカリーに並んだ焼きたて塩パンのような味です

フライパンで

塩パン風トースト

材料と作り方 (1人分)

1 食パン（4枚切り）1枚の両面に格子状の切り目を入れる。

2 バター10gを溶かしたフライパンに塩ひとつまみを入れ、食パンを両面に焼き色がつくまで中火で焼く。

簡単におうちカフェの気分を楽しめるオープンサンド。

カリッと焼き上げたフランスパンに生ハムのほどよい塩けがよく合います。

最後にお好みでたっぷりのチーズをかけて

フライパンで

生ハムオープンサンド

材料と作り方 (1人分)

1　フライパンにオリーブ油少々を中火で熱し、薄切りにしたフランスパン1枚を両面焼く。

2　パンに生ハム適量をのせ、好みでパルミジャーノなどのハードチーズを削ってかける
（粉チーズでもよい）。仕上げに粗びき黒こしょう少々をふる。好みでサラダを添えて。

Food recipe

オーブン料理の最大の魅力は焼き上が
るのを待つ時間だと思います。
片付けをしたり、使う食器を選んだり。
ちょっとした手仕事をしている間に、おい
しい料理が魔法のようにでき上がります。

ツナのうま味たっぷりのポテトサラダをオーブンで香ばしく焼き上げました。
そのまま食べても、パンに塗って食べてもおいしい一品です。
粒マスタードもよく合うので、お好みで添えて

焼きポテトサラダ

材料と作り方 (2〜3人分)

1 ポテトサラダを作る。じゃがいも5個（正味300g）は耐熱ボウルに入れてラップをか
  け、電子レンジ（600W）で約8分加熱する。温かいうちにつぶし、マヨネーズ大さじ
  6を加えて混ぜる。オーブンは
  200℃に予熱する。

2 ゆで卵1個と玉ねぎ1/4個は
  みじん切りにする。

3 1に2と缶汁をきったツナ小1
  缶（70g）を加えて混ぜ、塩、黒
  こしょう各適量で味を調える。

4 耐熱容器に3を入れ、パン粉
  と粉チーズ各適量を表面にふ
  る。オーブンで約10分焼き、
  仕上げにドライパセリ適量を
  ふる。好みでパンやゆでたい
  んげん、粒マスタードなどを添
  えて。

お買い得なミニトマトを発見したら必ずこれを仕込みます。
パスタに使ったり、パンにのせてブルスケッタにしたり。
何に使ってもおいしいので、おすすめです

セミドライトマトのオイル漬け

材料と作り方 (作りやすい分量)

- - - - - - - - - - - - - - - - - -

1 オーブンは120℃に予熱する。ミニトマト1パック（約20個）は半分に切り、オーブンシートを敷いた天板に並べる。

2 オーブンで約60分焼く。

3 粗熱がとれたら清潔な瓶に入れ、オリーブ油適量をひたひたになるまで注ぐ。

※冷蔵室で約1カ月保存可能。

市販の焼きいもを使ったお手軽なスイーツレシピ。
揚げないので後片付けも簡単です。
中身を変えればいろいろなアレンジが楽しめます

スイーツ焼き春巻き

材料と作り方 (4個分)

- - - - - - - - - - - - - - - - - -

1 オーブンは200℃に予熱する。クリームチーズ30gと皮をむいた焼きいも1/2本は小さく切る。

2 春巻きの皮4枚に**1**をのせて巻き、同量の水で溶いた小麦粉適量で留める。

3 **2**の表面全体にはけでオリーブ油を薄く塗る。春巻きの中央に水溶き小麦粉を塗り、黒いりごま適量をのせ、オーブンで25〜30分焼く。

※好みではちみつをかけて。

Food recipe

朝の時間を大切にする

この家に引っ越してから、以前より早起きするのが楽しみになりました。朝のルーティンはだいたい決まっていて、7時半に朝食、8時ごろに洗濯や掃除をして、9時から仕事場で作業開始。すっきり目覚めることができた日は、心にゆとりのある一日になる気がします。朝食の時間ギリギリに起きることもたくさんありますが、早起きできた日は充実した一日を過ごせるようにToDoリストを作ったり、後回しにしていた場所の掃除をしたり、届いた荷物の開封をしたり。いつもと違うことに挑戦してみるのも楽しいです。グリーンのお世話も早起きできた日の朝にしています。「早起きしなくては」と思うとおっくうになってしまいますが、無理なく、心地よく過ごせる方法を模索しながら、常に"今の自分"に合う生活リズムに整えることが大切だと感じています。

部屋をきれいにリセットして次の日を迎える
のも気持ちいいけど、早く眠りたい日は無理
をせず、翌朝の自分に全ておまかせ。

やりたいことがあるときは少し早起きをして
活動するようにしています。 同じ時間に起き
ても、日の出の時刻で季節の移ろいを感じま
す。 静かに、少しずつ日が昇るのを感じなが
ら自分の時間を楽しみます。

最近はパン作りに夢中。 いやしの時間を朝に
用意すると、生活リズムも整って一石二鳥です。

早起きして、いつもよりていねいにごはんを準
備するのも朝活の楽しみ。

PART3

快適な部屋を
キープする掃除

生活リズムに合わせた掃除で心地よく

きれいな空間で過ごすことが楽しく暮らすことにつながっているように感じます。
無理のない掃除や整理整頓を心がけているうちに、
自分なりの掃除ルーティンが身についてきました。

私の掃除のやる気スイッチは洗濯機のボタンにあります。洗濯完了までにかかる
時間は約1時間。まずはシンクに残っている洗いものと食器の片付け。コンロ周
りやテーブルのふき掃除を終えたら掃除機タイム。掃除機をかけながら部屋の中
を見渡すと、今やるべきことは何なのか、自然と見えてきます。洗濯完了の音が
鳴るまでは必要な掃除をする時間と決めて、毎朝、洗濯機と競争しながら部屋を
リセットしています。
また、月に1回程度、家全体をしっかり掃除する日を設けています。恋人と役割
分担しながら水周りやトイレも念入りに掃除。家中ピカピカに磨き上げます。き
れいになった部屋で「お疲れさま」とお茶会をするのも小さな楽しみ。
生活の流れに合わせて行う掃除を決めておくと、掃除のハードルがぐっと下がり
ます。

◎ 愛用している洗剤・クロス類

「パストリーゼ」。度数77％のアルコールスプレー。除菌のほか、かるい油汚れも落とせます。食品にもOKなので、キッチンでも使いやすいです。

「ウタマロクリーナー」。中性洗剤なので、家の中の汚れに幅広く使え、素材を傷めたり、変色させたりすることもありません。

「重曹」。油汚れを落とせるので、換気扇のつけおき洗いに使うほか、ゴミ箱の消臭にも。ゴミ箱に重曹を入れて湯で溶かして1時間ほどおき、その後、中性洗剤で洗っています。
※お菓子作りに使う食品用はベーキングソーダ。

マーナの「水垢とりダスター」。表面のザラザラが水あかをかき取ります。グレーを愛用。

掃除に欠かせないクロス類。ニトリの「マイクロファイバーキッチンクロス」を使っています。こだわりポイントは色。白に近い色や寒色系を好んで選んでいます。

クロス類はキッチン用の塩素系漂白剤につけおきして、除菌しています。3COINSのみそ用の保存容器がつけおきにちょうどよい大きさなのです。

Let's cleaning !!

Let's cleaning !!

(キッチンの掃除)

アルコールスプレーが大活躍

食べものを扱うところなので、常に清潔にしておきたい場所。

こまめに掃除をしたほうが、汚れがたまらずラクに落とせます。

食品にも使えるパストリーゼを活用すると、ラクにサッと掃除ができます。

ガスコンロは五徳をはずしてパストリーゼを直接スプレー。乾いたクロスでふき取ります。

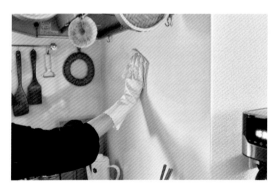

ガスコンロ周りの壁も油はねしやすいので、コンロと同様にパストリーゼをスプレーしてふきます。キッチンの床も油で汚れるので、ウエットタイプのフローリングワイパーで掃除します。

コンロ周りに置いているキャニスターなどのキッチンツールは、パストリーゼを吹きつけたクロスでふきます。

冷蔵庫のドアもパストリーゼをスプレー。庫内は1カ月に1回の頻度で中のものを取り出して、ふき掃除をするように心掛けています。

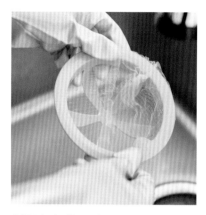

シンクは水だけで汚れが落ちる柄付きスポンジを使って、2〜3日に1回は洗うようにしています。

水切りカゴは洗いやすいものを選び、目が細かいネットをつけて毎日取り替えます。

蛇口がピカピカだと、それだけでキッチンの清潔感が上がります。水あかがとれるダスターでお手入れします。

（ 洗面所 の 掃除 ）

鏡はキレイをキープ

水あかは時間がたつほどに落としづらくなります。
キッチン同様、こまめに掃除をしておくほうが手間はかかりません。
特に鏡はくもりのない状態を保つようにしています。

鏡は水を霧吹きでスプレーして、鏡用のクロスでふきます。かるい汚れのときはからぶきすればOK。

洗面ボウルにはウタマロク
リーナーを使います。全体
にスプレーしてスポンジな
どで洗い、最後にかたく絞
ったふきんでふきとります。

（ リビングの掃除 ）

オープン棚はきちんとお手入れ

見せる収納にしているオープンラックは定期的にほこりを払います。
テーブルは素材によってはからぶきしかできないので、注意が必要。
掃除道具はリビングのすぐ出せるところに置いておきます（P53参照）。

床は毎朝、掃除機をかけるほか、ほこりに気づいたらフローリングワイパーでサッと掃除をします。

フローリングワイパーは専用のスタンドに立てて、リビングの目立たないところにスタンバイ。

インテリアのポイントになって
いるオープンラックはほこりが
たまるので、ハンディワイパー
をかけます。ラックの扉のある
ところに収納しています。

カフェテーブルは無垢
材製なので水ぶきは
NG。からぶきでお手
入れします。ふだんか
ら水じみには注意して
います。ソファの前の
テーブルは水ぶきです。

（ 観葉植物 のお手入れ ）

グリーンはインテリアに欠かせません

家具の色はダークブラウンに統一している部屋を、
何カ所かに置いている観葉植物がいきいきと見せてくれる気がします。
実家から持ってきた鉢もあり、育ててふやしていくのも楽しみです。

部屋に置いている観葉植物は水やりをするほか、葉の部分に霧吹きで水をかけます（葉水）。乾燥
を防ぐほか、防虫効果などもあるようです。これはハート形の葉が美しいウンベラータ。

水やりはいやしの時間

モンステラは茎を剪定して水を入れた容器に入れ、根が出てきたら鉢に植え替えて育てます。

葉水は植物をキッチンに集め、まとめてします。あとの掃除の手間が一度ですみます。左からインドゴムノキ、シルクジャスミン、カシワバゴムノキ。

植物のお手入れのあとは、シンクをウタマロクリーナーで洗います。調理台は土などが落ちる場合もあるので、パストリーゼをスプレーしてきれいにします。

おわりに

この本のタイトルは「世界一居心地のいい部屋の作り方」。
編集者さんからこの案をいただいたとき、「"世界一"だなんて…」と恐縮
してしまったことを覚えています。
ですが、部屋は住む人にとっての小さなお城。その人の世界そのものなの
だと感じています。
そして間違いなく私にとってこの部屋は、今世界でいちばん大好きで、居
心地のいい場所なのだと、自信を持って言えます。
この本を作るにあたって、自分の暮らしと向き合い、衣食住の「住」の大
切さをあらためて実感するようになりました。
自分の機嫌を自分でとることが難しいと感じてしまうときも、お気に入り
のアイテムが目に入ると心がいやされる。
グリーンに水やりをしている間に、モヤモヤとしていた感情もだんだんは
れていく。
自分が育てたいやしの空間のおかげで、救われる瞬間が何度もありました。
心と時間に余裕が持てなくて、部屋が散らかってしまう日も多々あります
が、元気なときにまとめて整えれば大丈夫です。
「こんな風に暮らしたい」という憧れを取り入れ、暮らしの中のよろこびを
大切にしながら、心がときめくものを集めて、生活をどんどんうるおして
いきましょう。
皆さまの暮らしが心地よく、より穏やかなものになりますように。
最後まで読んでいただき、ありがとうございました。

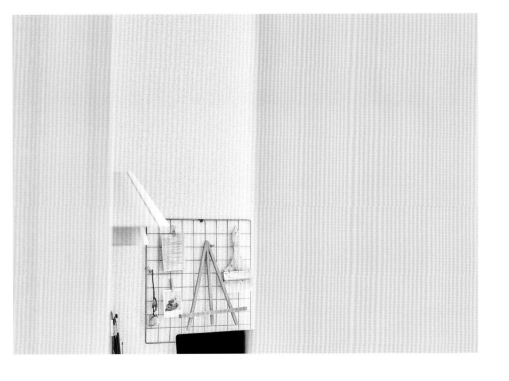

toka

日常の何気ないひとこまを切り取った
VlogをYouTubeに投稿し、家で過ご
す時間の楽しみ方を伝えている。イン
テリアや部屋の整え方、料理、手作り
お菓子など、センスあるていねいな生
活スタイルが人気を集めている。
YouTube/Instagram/X：
@tokanokiroku

世界一居心地のいい
部屋の作り方

2024年3月29日　初版発行

著者　　toka

発行者　　山下直久

発行　　株式会社KADOKAWA

〒102-8177
東京都千代田区富士見2-13-3
電話　0570-002-301（ナビダイヤル）

印刷所／図書印刷株式会社
製本所／図書印刷株式会社

●お問い合わせ
https://www.kadokawa.co.jp/（「お問い合わせ」へお進みください）
※内容によっては、お答えできない場合があります。
※サポートは日本国内のみとさせていただきます。
※Japanese text only

定価はカバーに表示してあります。